Ulrike Strätling

Bettpantoffeln und Wärmflaschen

AF511056

Joy Edition
BUCHVERLAG and more
BÜCHER · E-BOOKS · KARTEN · MAGAZINE · KALENDER

Ulrike Strätling

Bettpantoffeln und Wärmflaschen

Unterhaltungsgeschichten
für die Seniorenrunde

Impressum

Autorin
Ulrike Strätling

Verlag
Joy Edition · Buchverlag, E-Books and more ···
D-71296 Heimsheim, www.joyedition.de

Druck
Printsystem GmbH, D-71296 Heimsheim
www.printsystem.de

Buchgestaltung
Miriam Dostal – www.werbungdostal.de

Bilder Umschlag
©t.karnash und ©New Africa – adobe-stock.com

Copyright
Nachdruck verboten. Gleiches gilt für Vervielfältigungen, Übersetzungen, Ablichtungen jeglicher Art und Verarbeitung mit elektronischen Systemen.

1. Auflage, April 2021

Der Umwelt zuliebe gedruckt auf umweltfreundlichem, chlor- und säurefrei gebleichtem Papier.

ISBN 978-3-948842-14-7

Inhalt

Im neuen Drogeriesupermarkt

Die Zeiten der schönen und kleinen Drogerieläden waren vorbei. Die alten Läden waren nach und nach verschwunden. Stattdessen gab es nun immer mehr große Drogeriemärkte, in denen die Selbstbedienung selbstverständlich war. Die Waren standen oder lagen in Regalen. Seifen, Creme, Parfüm, Zahnpasta, alles fein säuberlich sortiert. Es gab sogar Putzmittel, Waschpulver und Lippenstifte. Verkäufer oder Verkäuferinnen gab es keine. Jeder nahm sich was er brauchte, legte es in einen Einkaufskorb und bezahlt wurde an der Kasse. Die war am Ausgang, man konnte sie nicht verfehlen.

Frau Schlohmeier bedauerte sehr, dass die alten Drogerien verschwunden waren. Ja, sie vermisste die kleine vertraute Drogerie, in der sie so oft Bekannte und Nachbarn getroffen hatte. Auch den netten schon älteren Verkäufer, der nun in den wohlverdienten Ruhestand gegangen war, vermisste sie. Frau Schlohmeier scheute sich nun ein wenig, in dem neuen Drogeriemarkt einkaufen zu gehen.

Eines Tages jedoch war die Tube mit Handcreme aufgebraucht. So sehr sie auch quetschte, es kam nichts mehr heraus. Sie hatte aber sehr raue Hände und brauchte dringend neue Handcreme. Darum bat Frau Schlohmeier ihren Mann, für sie in den großen Drogeriemarkt zu gehen.

„Du musst durch Gänge gehen und schauen, wo die Handcreme steht. Bitte eine mit Kamille", sagte Frau Schlohmeier. Das passte dem Herrn Schlohmeier gar nicht. Knurrend meinte er: „Ich will gleich einen Reisebericht im Fernsehen schauen."

„Dann beeile dich, dann schaffst du das", erwiderte Frau Schlohmeier. Herr Schlohmeier eilte los. Kurze Zeit später betrat er zum ersten Mal dieses Geschäft. „Oh", staunte er, „Hier gibt es ja auch alles für den Mann." Dann suchte er die Handcreme. Aha, da standen Cremetuben. Er nahm eine, lief zur Kasse und eilte nach Hause. Gleich würde der Reisebericht anfangen.

Da rief seine Frau: „ Oh nein, du hast mir Fußcreme gekauft. Jetzt muss du noch mal laufen."

„Nee, nee, nee, bestimmt nicht“, sagte Herr Schlohmeier.

„Doch, doch, doch. Ich kann mir schließlich keine Fußcreme auf meine zarten Hände schmieren“, schimpfte Frau Schlohmeier. Also rannte Herr Schlohmeier noch einmal los. Im Drogeriemarkt angekommen hetzte er durch die Gänge. Handcreme, Handcreme wo stand sie nur. Ah, da. Oh, nein, das war Rheumasalbe. „Wo ist diese blöde Handcreme nur?“, schimpfte er laut. Eine feine Dame stand gerade neben Herrn Schlohmeier. Sie sagte: „Sie stehen direkt davor, mein Herr.“

Gott sei Dank. Herr Schlohmeier griff eine grün weiße Tube, bezahlte und rannte im Sturmschritt nach Hause. Er schaffte es gerade noch pünktlich zum Fernsehprogramm. Und er hatte sogar die richtige Creme gekauft, nämlich die mit Kamille.

❀

Bettpantoffeln und Wärmeflaschen

„So, fertig“, sagte Helene und legte die Häkelnadel an die Seite. „Der Winter kann kommen. Unsere neuen Bettpantoffeln sind bereit, unsere Füße zu wärmen.“ Helene wedelte stolz mit zwei verschiedenen Paaren Bettpantoffeln. Skeptisch sah ihr Mann Ludwig zu den Pantoffeln. Er runzelte die Stirn und kratzte sich am Kinn. Helene sagte: „Die hellblauen sind für dich und die weißen Pantöffelchen sind meine.“

Ludwig meinte: „Und die sollen die Füße wärmen?“ „Klar und wie. Du wirst es merken, wenn der Winter da ist“, sagte Helene fröhlich.

Der Winter war schneller da, als einem so lieb ist. Gerade hatte noch die warme Herbstsonne am Himmel gestanden und nun blies ein kalter Wind über das Land. Der Winter hatte die Herrschaft übernommen und es wurde ein sehr, sehr kalter Winter. Eisige Luft lag über den Städten und Dörfern. Es gab frostige Nächte und es fiel auch ein wenig Schnee. Kurzum, es war die Zeit der kalten Füße.

Eines Abends holte Helene die Bettpantoffeln hervor. Ludwig zog die hellblauen und Helene die weißen an. Ludwig sah auf seine Füße und grinste. Dann krochen sie in ihre Betten. Helene meinte: „Das ist schön mollig und gemütlich an den Füßen." Sie rollte sich auf die Seite zum Schlafen.

Eine halbe Stunde später stöhnte Ludwig: „Brrr, ich friere und die Füße sind auch noch kalt. Helene, haben wir noch die Wärmflaschen von früher, als die Winter auch so kalt waren?" Verschlafen murmelte Helene: „Ja, im Badezimmerschrank." Ludwig lief ins Badezimmer und fand die Wärmflaschen. Sie waren aus rotem Gummi. Er füllte beide Wärmflaschen mit heißem Wasser, verschloss sie mit dem Stöpsel und lief zurück ins Schlafzimmer. Eine Flasche gab er Helene und die andere legte er sich auf den Bauch. Oh ja, das tat gut. Er gähnte und war bereit einzuschlafen. Doch der Schlaf sollte ihm noch nicht vergönnt sein. Fünf Minuten später rief er: „Pfui, igittigitt. Was ist das?“ Ludwigs Bauch war plötzlich ganz nass. Er sprang auf und hielt die Wärmflasche hoch. Tropf, tropf, plitsch und platsch. Die Wärmflasche hatte ein Leck. Oh nein. Was nun?

„Nimm meine, ich friere nicht. Morgen häkel ich dir noch eine Bettmütze und einen Bettschal und wenn es sein muss, noch eine Bettjacke. Dann frierst du ganz bestimmt nicht mehr“, murmelte Helene ganz verschlafen. Ludwig nickte zufrieden. Dann schlief er ein.

❀

Väterchen Frost

Guten Tag meine Damen und Herren. Gestatten Sie, dass ich mich vorstelle. Ich heiße Frost. Ja, Sie haben richtig gehört. Mein Name ich Frost, denn ich bin der Frost. Und weil es mich schon ewig gibt und ich somit schon sehr alt bin, nennen mich manche „Väterchen Frost“. Alle Menschen und Tiere kennen mich und glauben Sie mir, Sie kennen mich auch. Nicht alle mögen mich. Schade eigentlich, denn ich tue nur das, was ich tun muss.

Ich lasse die Welt vor Kälte erstarren. Ich bin so kalt und eisig, dass in meiner Nähe das Wasser gefriert. Ganze Seen frieren zu, Eiszapfen hängen an den Dächern und Bäumen. In meiner Nähe gefriert sogar ein Wasserfall. Die Menschen frieren und rutschen auf den Gehwegen aus. Glauben Sie mir, mich lieben nur ganz wenige. Zu wenige, zum

Beispiel die, die gerne Schlittschuh fahren. Wenn ich sehe, dass sie ihre Schlittschuhe putzen, dann lasse ich geschwind den Teich zufrieren. Es ist dann eine große Freude für mich, den großen und den kleinen Schlittschuhläufern zuzusehen.

Aber manchmal habe ich auch schlechte Laune. Und wenn ich dann mal so richtig übel drauf bin, dann lasse ich die Türschlösser von den Autos zufrieren. Anschließend freue ich mich wie Bolle, wenn die Menschen schimpfen und fluchen, weil sie nicht in die Autos kommen.

Einmal habe ich mich ganz besonders über eine Frau geärgert. Es war an einem Dienstag, ich weiß es noch ganz genau. Sie wetterte und schimpfte auf mich. „Blöde Eiszapfen." Dabei können Eiszapfen so schön sein. Und als sie auch noch „Blöder Frost" sagte, da war ich echt sauer. In der drauf folgenden Nacht zum Mittwoch, habe ich dann meinen eiskalten Atem gegen ihre Fensterscheiben geblasen. Und hui, waren die alle ganz schnell zugefroren. Hunderte von bildschönen Eisblumen zierten nun die Fensterscheiben der Frau. Ich fand es wunderschön. Doch die Frau nicht. Sie hätten sie mal hören müssen, wie die am nächsten Tag geflucht hat. Die Frau hatte mächtig viel zu tun, um wieder den Durchblick zu bekommen. Hihi, da habe ich mir eins ins Fäustchen gelacht.

Ja, man sollte sich lieber nicht mit mir anlegen. Schließlich muss ich tun, was ich tun muss. Und eigentlich bin ich ein ganz netter Kerl, der auch dafür sorgt, dass der Grünkohl genießbar ist und dass es im Sommer weniger Mücken gibt.

Bis bald und denkt an mich, wenn der See zugefroren ist und die Eiszapfen an der Bäumen hängen.

❀

Freitag der Dreizehnte

Als Frau Brinkmann das Kalenderblatt vom Vortag abgerissen hatte, erschrak sie. Oje, Freitag der Dreizehnte. Da muss man sich in acht nehmen und darf sich nicht zu viel vornehmen. An so einem Datum geht oft mal was schief.

Nun war es elf Uhr am Vormittag. Wie an jedem anderen Tag auch, betrat Frau Brinkmann um diese Zeit die Küche. Pünktlich wie immer begann sie zu hantieren, um das Mittagessen zu kochen. Sie wollte eine kräftige Rindfleischsuppe kochen. Dazu brauchte sie den großen alten Suppentopf. Dunkelblau war er und mit aufgemalten Blümchen verziert. Doch kaum hatte Frau Brinkmann den Topf in der Hand, fiel er zu Boden. Plooong! Eijeijei, da brach der Topf ent ... *(zwei)*.

Frau Brinkmann war sehr erschrocken. Sie

schlug die Hände über dem Kopf zusammen und rief: „Worin soll ich jetzt kochen, der Topf er ist zer ... *(brochen)*." So entschloss sie sich einen Salat zu zubereiten. Dafür holte sie eine Glasschüssel aus dem Küchenschrank. Doch wie durch Geisterhand fiel auch die zu Boden. Es schepperte mächtig.

Frau Brinkmann jammerte: „Was soll ich nun kochen, die Schüssel ist auch zer ...*(brochen)*. Alles geht mit heute entzwei, der Topf, die Schüssel und vielleicht noch die Pfanne und die ...*(Kanne)*. Ich muss alles neu kaufen und das kostet einen ...*(Haufen)*, all das ist heuer, so ... *(teuer)*."

Da schmierte sich Frau Brinkmann eine Schmalzstulle. An diesem Freitag den Dreizehnten wollte sie nichts mehr aus dem Schrank holen. Nichts mehr in die Hand nehmen. Und vor allen Dingen nichts kochen. Sie wollte nur noch auf dem Stuhl sitzen bleiben, bis der Tag um war. Wer weiß was sonst noch alles entzwei gegangen wäre. Sicher ist sicher.

❀

Frühling

Frühling wird es bald,
grün wird schon der ... *(Wald)*,
auch im Tal ist es schön grün,
die kleinen Maiglöckchen ... *(blühn)*,
willkommen schöne Frühlingszeit,
ich ziehe an mein schönstes ... *(Kleid)*,
die Wiesen sind schön bunt,
spazieren gehen Mensch und ... *(Hund)*,
die Luft ist klar und blau,
verschwunden ist das dunkle ... *(grau)*,
es wird immer bunter,
die Leute sind froh und ... *(munter)*,
allen der Frühling gefällt,
es freut sich die ganze ... *(Welt)*,
die Vöglein alle,
grüßen mit jubelndem ... *(Schalle)*,
mit Sing und mit Sang,

mit süßem schönen ... *(Klang)*,
welch eine Wonne,
am Himmel scheint die ... *(Sonne)*,
die Menschen zieht es hinaus in den Park,
die jungen Burschen fühlen sich ... *(stark)*,
sie pfeifen nach den Mädchen,
da dreht sich um das ... *(Gretchen)*,
sie streckt die Zunge raus,
und die Geschichte ist ... *(aus)*.

Im Getreidefeld

In einem Getreidefeld vor der Stadt war es keineswegs ruhig. Nein, ganz im Gegenteil, es herrschte dort ein reges Treiben. Es war dort eine Fröhlichkeit und Vergnüglichkeit, wie sonst nirgends auf der Welt. Es war wie Musik, wie auf einem Fest, ja, fast wie auf einem Jahrmarkt. Da war das reinste Paradies im Getreidefeld, zwischen Mohnblumen und Kornblumen, von denen es reichlich gab.

Lebhaft zirpten die Grillen schon früh am Morgen. Es war im ganzen Feld zu hören. Sie luden ein zu einem Fest, mit Nektar, Tau und Blütenwein. Mhm. So kamen alle herbeigeströmt und es waren wahrhaftig nicht wenige. Von rechts und von links, von oben und unten.

Als erste trafen Herr und Frau Käfer ein. Frau Käfer trank ein Gläschen Wein und Herr Käfer ließ sich einen großen Becher mit kühlem Tau schmecken. Die Bienen kamen gleich in großer Schar und labten sich am Nektar. Von überall her kamen die Fliegen, die Würmer, die Schmetterlinge und Spinnen. Kleine Feldmäuse, Spatzen und sogar ein Feldhamster. Es war ein fröhliches Fest, auf dem getanzt, gesungen und getrunken wurde. Sie feierten ausgelassen und ein jeder ließ es sich wohlergehen, bis in den Abend hinein. Als es dunkel wurde zogen alle wieder fort. Es sollte nicht die letzte Feier sein.

Doch wie es so geht auf dieser Welt, der Bauer hatte das Feld gemäht. Am nächsten Tag gab es nur noch ein Stoppelfeld. Oh, wie schade. Kein Fest, kein Tanz und Gesang. Doch die Grillen zirpten und verkündeten: „Wir suchen uns einfach ein neues Feld." So zogen und flogen sie alle aus und in einem anderen Feld wieder ein. Und noch am gleichen Tag wurde fröhlich gefeiert, gelacht, gesungen und getanzt.

❀

Oma Gertis Rührei

Es war Samstagmorgen um sieben Uhr, als Oma Gerti erwachte. Sie wollte aufstehen, um in die Küche zu gehen. Oje, das Rheuma. Sie seufzte und stöhnte bei jeder Bewegung. „Nein, bitte nicht heute. Verflixtes Rheuma, lass mich in Ruhe“, jammerte sie. Ausgerechnet heute am Samstag plagte sie das Rheuma. Oma Gerti liebte die Samstage, weil um neun Uhr ihre Enkelin Klara gebracht wurde. Oma Gerti liebte es mit Klara zu frühstücken. Sie nannte ihre Enkelin liebevoll Mäuschen. Doch wie sollte sie ihrem Mäuschen heute ein leckeres Frühstück machen, wenn sie sich selbst kaum bewegen konnte?

Um neun Uhr kam Klara-Mäuschen. Oma Gerti fragte: „Was möchtest du heute frühstücken?“ Klara sagte: „Rührei, ich möchte Rührei, weil es bei dir am besten schmeckt. Die Mama kriegt das nie so lecker hin.“ Oma Gerti fühlte sich geschmeichelt.

„Oje, oje, ich fürchte du musst das Rührei selber machen. Schaffst du das, wenn ich dir genau sagte, was du machen musst?“, fragte Oma Gerti. „Klar, ich bin doch schon sieben Jahre alt“, meinte Klara. Sie war schon sehr gespannt.

„Also, wir brauchen eine Schüssel, vier Eier, etwas Milch, Salz und Pfeffer, etwas Butter und eine Pfanne. Du findest alles im Küchenschrank und im Kühlschrank“, sagte Oma Gerti. Klara-Mäuschen holte alles herbei und meinte dann: „Ich glaube, jetzt muss ich die Eier in die Schüssel geben.“ „Richtig und wenn du das gemacht hast verquirlst du sie mir der Gabel. Dann kommt Salz und Pfeffer dazu und ein Schuss Vollmilch.“ Klara-Mäuschen schaffte auch das.

Nun wollte Oma Gerti aufstehen, um etwas Butter in die Pfanne zu geben und sie auf den Herd zu stellen. „Autsch, oh nein, dieses blöde Rheuma“, rief sie und setzte sich wieder. Klara sagte: „Bleib sitzen Oma, ich mach das schon.“ Als die Eiermasse in der Pfanne war, sagte Oma Gerti: „Nun schön rühren, sonst ist es ja kein Rührei. Zum Schluss schneiden wir uns noch etwas Schnittlauch darüber."

Kurze Zeit später war alles fertig. Klara wollte wissen, ob es der Oma schmeckt. Und die Oma sagte: „Das ist das Weltbeste Rührei. Mäuschen das hast du ganz toll gemacht. Und ich glaube, mir geht es schon ein wenig besser. Wenn Rührei bei Rheuma hilft, kannst du mir ja jeden Samstag welches machen." Oma Gerti schmunzelte. „Ja gerne, für meine Oma Gerti mache ich alles", sagte Klara-Mäuschen.

❀

Freddy und die pfiffigen Frösche

Endlich hatte er ihn, den langersehnten Fotoapparat. Freddys größter Wunsch war zu seinem Geburtstag in Erfüllung gegangen. Nun konnte er es kaum erwarten, hinaus in die Natur zu gehen, um zu fotografieren. Schöne Blumen, Bäume, Schmetterlinge im Sonnenschein auf ein Bild zu bekommen.

Dann endlich war ein warmer Sommertag. Freddy hoffte auf viele schöne Bilder und lief vergnügt in den Wald hinein. Bis hin zu einem großen Teich, auf dem die Seerosen blühten. Freddy fotografierte sie sogleich. Rechts neben ihm quakte es. Freddy drehte sich um und sah zwei Frösche. Oh, das ist ein tolles Fotomotiv, dachte er und hielt sich die Kamera vor die Augen. Knips. Oh weh, da waren ja gar keine Frösche mehr gewesen. Die saßen bereits ein Stückchen weiter auf einem Seerosenblatt. Sie beobachteten Freddy und als er wieder den Fotoapparat hob, sprangen sie schnell ins Wasser. Knips. Freddy hatte nur die Seerose fotografiert.

Mittlerweile saßen die beiden Frösche auf einer kleinen Insel und beobachteten Freddy ganz genau. Der lief geschwind ein Stückchen weiter und knips. Doch die beiden Frösche waren längst weiter gesprungen und saßen nun wieder am Ufer. Quak, quak. Freddy eilte ihnen entgegen. Knips. Doch nun hatte er nur das Gras geknipst.

So ging es immer weiter. Die zwei pfiffigen Frösche scheuchten den armen Freddy um den ganzen Teich herum. Müde setzte er sich auf einen Stein. Freddy war traurig. Da quakte es direkt vor ihm. Die beiden Frösche saßen auf einem Seerosenblatt, wie zu Anfang. Vorsichtig und ganz langsam hob Freddy den Fotoapparat. Knips. Die Frösche saßen immer noch da. Freddy konnte sie noch mehrere Male knipsen. Die Frösche hatten bestimmt Mitleid mit ihm. Aber eines ist sicher, die beiden Frösche haben ihren Spaß gehabt.

Der Toaster und seine Tücken

Zum vierzigsten Hochzeitstag bekam Elli von ihrem Mann einen Toaster geschenkt. Sicherlich denken Sie jetzt, das ist aber geschmacklos und nicht gerade einfallsreich. Ein goldener Ring, ein schönes Parfüm oder eine Perlenkette wären sicherlich passender gewesen. Aber so war es nicht. Elli hatte sich diesen Toaster gewünscht.

Der Toaster war nämlich schon längst erfunden und stand bereits in vielen Haushalten. Doch Elli röstete das Weißbrot immer noch in der Pfanne. Mit etwas Butter wurde es schön knusprig und schmackhaft. Elli aber hatte beschlossen mit der Zeit zu gehen und modern zu sein. Wie ihre Nachbarinnen. Und nun war es so weit. Und weil das Weißbrot, auch Toastbrot genannt, gleich beim Geschenk dabei war, wollte Elli das Gerät sofort ausprobieren. Und so verschwand sie mit ihrem tollen Geschenk in der Küche.

Auf dem Temperaturregler gab es fünf Zahlen. Von eins bis fünf. Elli schob ihn auf fünf. Der Stecker musste noch in die Steckdose. Das Toastbrot passte genau hinein. Elli hatte zwei Scheiben eingesteckt. Die Drähte im Toaster fingen an zu glühen. Dann machte er klack. Die zwei Scheiben Brot sprangen heraus. Eine landete auf dem Fußboden, die andere auf dem Tisch. Aber oje, sie waren kohlrabenschwarz. Ungenießbar. Elli warf sie in den Mülleimer und startete dann einen neuen Versuch. Diesmal auf Stufe vier. Klack. Elli versuchte die zwei Scheiben Brot aufzufangen. Es gelang ihr eine zu schnappen. Doch oh weh, sie waren auch viel zu dunkel. Auch diese Scheiben wanderten in den Mülleimer.

Es folgte ein dritter Versuch. Alle guten Dinge sind bekanntlich drei und aufgeben gab es für Elli nicht. Diesmal stellte Elli den Temperaturregler auf Stufe drei. Schützend hielt Elli ihre Hände über den Toaster. Klack. Elli konnte die Brotscheiben am Herausspringen hintern und siehe da, sie waren goldbraun. So wie es sein sollte. Goldrichtig. Und mit Butter und Marmelade sehr lecker.

Wie heißt es doch so schön: Übung macht den Meister und ein solcher ist auch noch nicht vom Himmel gefallen.

Vom unzufriedenen Mann

In einer kleinen Stadt lebte einmal ein Mann. Ein Mann, der immer unzufrieden war. Nichts gefiel ihm und nichts konnte man ihm recht machen. Sein Name war Gerhard Stock. Egal wo sich Herr Stock gerade aufhielt, es gefiel ihm nicht.

So geschah es, dass ihm eines Tages sein eigenes Zuhause nicht gefiel. Es war ihm nicht nett genug. Zu ungemütlich. So beschloss Herr Stock in die Stadt zu gehen. Es war Sommer und die Sonne stand hoch am Himmel. Da wurde es dem Herrn Stock recht heiß und das gefiel ihm nicht. So ging er in den Park. Oh nein, im Park gab es viele Leute. Die redeten und lachten. Das war dem Herrn Stock zu laut. Darum ging er in den Wald.

Die Blätter der Bäume leuchteten hellgrün im Sonnenschein. Das war dem Herrn Stock auch nicht recht. Es gefiel ihm nicht, es war ihm zu grün. So beschloss er, an den See zu gehen. Kaum war er dort angekommen, gefiel ihm auch das nicht. Es war ihm viel zu nass. Schnell eilte er davon.

Herr Stock stieg in einen Bus. Aber auch das gefiel ihm nicht. Der Bus war ihm zu voll. Herr Stock stieg wieder aus und nahm den Zug. Uijuijui, der war aber schnell. Das gefiel ihm nicht. Herr Stock stieg wieder aus und lief nach Haus.

Zu Hause war es ihm zu langweilig, da ging es ins Bett. Das fand er nett.

Ja, schau mal einer an, wer hätte das gedacht.

Na dann, gute Nacht.

❀

Alle Tiere sind verschieden

Der Hai hat scharfe Zähne,
der Löwe eine ... *(Mähne)*,
der Papagei ist bunt,
das Schwein ist kugel ... *(rund)*,
scharfe Krallen hat ein Bär,
der Wal ist groß und ... *(schwer)*,
die Giraffe hat einen langen Hals,
das Fell der Katze glänzt wie ... *(Schmalz)*,
die Schnecke hat ein eigenes Haus,
ein Schwänzchen hat die ... *(Maus)*,
ein Hund kann gut riechen,
eine Schlange leise ... *(kriechen)*,
der Igel hat Stacheln, die sind spitz,
ein weißes Fell hat ein ... *(Spitz)*,
ein Nashorn ist schwer,
braun ist ein ... *(Bär)*,

die Taube sitzt gern auf dem Dach,
die Fledermaus fliegt in der ... *(Nacht)*,
der Eisbär ist weiß,
und lebt auf dem ... *(Eis)*,
alle sind verschieden
und doch mit sich zu ... *(frieden)*.

Ich hoffe Sie sind es auch.

❀

Eine hungrige Mücke

An einem frühen Sommermorgen surrte eine Mücke durch den Wald. Es war noch nicht ganz hell, die meisten Tiere im Wald schliefen noch. Doch die Mücke war hungrig und suchte etwas zum Stechen. Sie hatte bereits ein Wildschwein getroffen, aber das wollte sich nicht stechen lassen. Wütend schnaufend und grunzend hatte es sich wild im Kreis gedreht. Die Mücke bekam Angst und war weiter geflogen.

Sie surrte über eine Wiese und sah ein Pferd. Mit Blick auf das Hinterteil, flog die Mücke auf das Pferd zu. Mhm, lecker Pferdeblut, dachte sie und ließ sich nieder. Doch kaum war sie gelandet, machte es „wusch" und „wisch". Der Pferdeschwanz fegte sie vom Hinterteil. Das Pferd wollte keinen Mückenstich. Verständlich. Oder? Die Mücke surrte hungrig weiter umher. Ssssss.

Zur gleichen Zeit war an diesem frühen Sommermorgen ein Pilzsammler unterwegs. Gerade betrat er eine Wiese, um Wiesenchampignons zu sammeln. Der Mann trug eine kurze Sommerhose und ein luftiges Hemd. Ideal für die Mücke. Und der lief schon das Wasser im Mund zusammen. Dann kam auch schon ihre große Chance. Der Pilzsammler bückte sich, um einen schönen Wiesenchampignon abzuschneiden. Sein Hinterteil kam dabei in die Höhe und die strammen Schenkel luden zum Stechen ein. Die Mücke stürzte sich auf den rechten Oberschenkel. Pieks und schon saugte sie gierig das Blut.

„Autsch", schrie der Mann und schlug um sich. Er sprang und hüpfte auf der Stelle herum. „Verflixt und zugenäht, was hat mich da gestochen?", rief er. Aber da war die Mücke schon satt und schwirrte davon.

Von dem ganzen Geschrei waren die Krähen erwacht. Sie flogen aus den Bäumen und krächzten und schimpften. Das Pferd wieherte. Häschen rannten im Zickzack über die Wiese. Das Wildschwein grunzte und schnaufte. Die Rehe rannten erschrocken davon.

Und der Pilzsammler? Der eilte im Sturmschritt nach Hause, um den Mückenstich zu kühlen. Die Mücke aber war zufrieden und satt.

❀

Eine Geschichte von zwei Stieren

Ein Bauer hatte zehn Milchkühe und zwei Stiere. Die Milchkühe weideten auf einer großen saftigen Wiese. Diese Wiese war eingezäunt. Auf einer Nachbarwiese, die ebenfalls eingezäunt war, durften sich die zwei Stiere aufhalten. Das war gut so, denn sonst hätte man nur noch sagen können „Die armen Milchkühe".

Diese zwei Stiere waren richtige Angeber, Wichtigtuer, die ständig um die Wette prahlten. Ich habe mal gesehen, wie es so an einem Sommertag auf der Wiese zugegangen ist. Die zwei Stiere wollten den Kühen zeigen, wie stark sie sind. Jeder wollte der Stärkste sein und den Kühen gefallen.

Der eine rief: „Ich bin der Stärkste von uns." Der andere rief: „Ich bin viel stärker als du. Ich könnte dich mit meinen Hörnern aufspießen und dich bis auf den Mond fliegen lassen." Der andere schrie: „Wenn ich dich anschnaufen würde, würdest du bis Köln fliegen."

Da sind die zehn Milchkühe an den Zaun gekommen und haben gestaunt und interessiert zugesehen. Einer der Stiere warf sich mächtig in die Brust und rief: „Ha, ich kann so laut brüllen, dass du vor Angst wegrennst." Dann brüllte er so laut er konnte. Der andere Stier lachte und rief: „Wenn ich dich treten würde, wärst du reif für den Schlachter." Die zehn Kühe schüttelten mit den Köpfen.

Die zwei aufgeblasenen Stiere aber brüllten weiter, rannten und stampften umher, dass die Erde nur so flog. Da sagten die Kühe: „Solche Angeber und Prahler mögen wir nicht. Ihr seid Wichtigtuer, aufgeblasene Dummköpfe." Dann drehten sie den Stieren den Rücken zu und gingen grasen.

Die zwei Stiere schauten sich verdutzt an. Die ganzen Anstrengungen waren umsonst gewesen. Außerdem waren sie von all dem Geschrei und Gebrüll heiser. Erschöpft legen sie sich ins Gras, um auszuruhen. Die zehn Kühe aber grinsten nur und schüttelten ihre Köpfe über so viel Dummheit.

❀

Der kluge Papagei

Seit fünfzehn Jahren hatte Herr Zapke einen Papagei. Es war ein großer und schöner Papagei. Sein Gefieder glänzte und die roten, blauen und gelben Federn leuchteten. Er war aber nicht nur schön, nein, er war auch noch klug und konnte sprechen. Er war richtig sprachbegabt. Die vielen Wörter und auch ganze Sätze hatte er von dem Herrn Zapke gelernt. Jakob, so hieß er, war ein richtiges Plappermaul. Sein großer Käfig stand in der Wohnküche von Herrn Zapke.

Um Punkt sieben Uhr am Morgen rief Jakob: „Aufstehen, hallo, aufstehen." Und wenn dann Herr Zapke in die Wohnküche schlurfte, begrüßte Jakob ihn mit einem fröhlichen: „Guten Morgen." Herr Zapke und Jakob unterhielten sich den ganzen Tag.

Eines Tages kam Herr Zapke vom Einkaufen wieder. Jakob rief: „Guten Tag, Papa." Herr Zapke meinte: „Heute Mittag gibt es Bratwurst mit Kartoffelsalat und für dich habe ich eine Tüte Erdnüsse gekauft." Jakob krächzte: „Mhm, lecker, lecker."

Herr Zapke schmunzelte. Er stellte eine Pfanne auf den Herd und legte zwei Bratwürste hinein. Dann öffnete er die Balkontür und trat hinaus. Sogleich schielte er zum Nachbarbalkon. Oh, da war sie ja, die schöne Nachbarin. Sie lag im Liegestuhl und hatte die Augen geschlossen. Herr Zapke seufzte. Ach, wenn er doch nur den Mut hätte, sie einmal einzuladen. Sie war so schön. Herr Zapke fing an zu träumen.

Plötzlich schrie Jakob aus der Küche: „Es brennt. SOS. Papa komm." Herr Zapke zuckte zusammen. Die Bratwurst. Oje, oje sie war verbrannt. Die ganze Küche war voller Qualm. Doch Jakob hatte Schlimmes verhindert. Darum bekam er Erdnüsse zur Belohnung.

Da klingelte es an der Wohnungstür. Herr Zapke öffnete und im gleichen Moment dachte er, er träumt. Da stand doch tatsächlich die schöne

Nachbarin. Sie hielt ihm einen Teller entgegen, auf dem drei Frikadellen lagen. Sie meinte: „Ich glaube, Ihnen ist das Essen angebrannt. Bitte nehmen Sie die Frikadellen." Herr Zapke rang nach Worten.

„Danke", meinte er schließlich. Dann holte er tief Luft, nahm all seinen Mut zusammen und lud seine Nachbarin ins Café um die Ecke ein. „Sagen wir um vier Uhr?", meinte er. „Gerne, dann bis später", sagte die Nachbarin.

Und aus der Küche rief Jakob: „Bis später, tschüss, bis heute Nachmittag."

❀

Durchs Schlüsselloch geguckt

Als wir Kinder waren, stand in unserer Küche noch ein großer Ofen, der mit Kohle beheizt wurde. Mutter sagte immer: „Der eigene Herd ist Goldes wert. Auf ihm kann ich kochen, in ihm kann ich backen und ich kann an den Samstagen euer Badewasser darauf erhitzen." Ja, so war es bei uns. Samstags war Badetag. Und das in einer Zinkbadewanne, in der Küche vor dem Kohlenofen. Zuerst brodelte das Wasser auf dem Ofen, dann wurde die Zinkbadewanne bereit gestellt, Seife, Schwamm und Handtücher lagen auf einem Stuhl. Und dann ging es der Reihe nach.

Ich war immer als erste dran. Mutter half mir beim Ausziehen. Vater füllte die Wanne und wenn die voll war, stieg ich hinein. Mein Bruder saß auf einem Stuhl und sah zu. Vater las in der Zeitung.

Wenn ich so daran zurück denke, ist mir, als wäre es erst gestern gewesen. Ich hätte gerne etwas mit meinem gelben Plastikentchen gespielt. Aber dafür war keine Zeit, das Wasser kühlte so schnell ab. Ja, und daher war der Badetag auch nicht gerade ein Badespaß.

Kaum saß ich in der Zinkbadewanne, wurde ich auch schon abgewaschen. Mit viel Seife, meine Mutter übersah keine Stelle an meinem Körper. Dann musste ich auch schon wieder schwups hinaus und mich in ein Handtuch wickeln. Nach mir stieg mein Bruder in die Wanne. Mit ihm ging meine Mutter nicht gerade zimperlich um. Sie schrubbte ihn von oben bis unten ab, bis seine Haut feuerrot war. Meistens schrie mein Bruder dabei wie am Spieß. Er war immer heilfroh, wenn er die Wanne wieder verlassen konnte. Auch er bekam ein Handtuch und musste sich darin einwickeln. Dann schickte man uns aus der warmen Küche hinaus, ins Kinderzimmer. Wir konnten hören, wie die Tür von innen verschlossen wurde. Warum? Ich wollte es unbedingt wissen.

So blieben wir eines Tages hinter der Tür stehen. Als sich der Schlüssel umgedreht hatte, lugte ich vorsichtig durch das Schlüsselloch. Was ich dann sah, ließ mich schmunzeln. Da zwängte sich unsere Mutter in die Zinkbadewanne. Vater füllte heißes Wasser nach und wusch ihr dann den Rücken. Mit angewinkelten Beinen saß meine Mutter in der Wanne und wusch sich. Ich hatte bis dahin noch nie eine nackte Frau gesehen. Ich war fasziniert.

Dann drängelte mein Bruder mich zur Seite, er wollte auch mal durch das Schlüsselloch gucken. Und als er durchschaute, sah er unseren Vater in der Wanne sitzen. Er passte kaum hinein. Darum stand er auf, um sich zu waschen. Da rief mein Bruder: „Boh, oh und ah.“ Er sah zum ersten Mal einen nackten Mann und war völlig überwältigt.

In dem Moment ging die Küchentür auf. Unsere Mutter sagte: „Schämt euch, ab ins Kinderzimmer.“ Doch mein Bruder und ich zwinkerten uns zu und wir kicherten, als wir in unser Kinderzimmer liefen.

Ja, wir wussten, dass wir nicht zum letzten Mal durchs Schlüsselloch geschaut haben.

Die Birnendiebe

Jeden Sommer kamen sie, die Birnendiebe. Herr Keller war es leid. Sooo leid. Er wollte sich seine Birnen nicht länger stehlen lassen. Er wollte selber die süßen, saftigen Birnen essen. Der Birnbaum von Herrn Keller trug jeden Sommer viele gute Früchte. Das lockte natürlich auch andere an, die dann verbotenerweise, die Birnen in die eigenen Taschen steckten. Herr Keller vermutete die vorlauten und immer hungrigen Jungen aus der Nachbarschaft. Aber das waren keine Streiche mehr, nein, das war Diebstahl. Außerdem zertrampelten sie auf dem Weg zum Birnbaum regelmäßig die Beete. Erbsen, Möhren, Salat und Bohnen waren platt getreten. Sie kamen nie zur selben Zeit. Mal kamen die Diebe am Morgen, mal am Nachmittag, wenn Herr Keller sein Mittagsschläfchen hielt. Oder sie kamen in der Zeit, wenn Herr Keller die Tagesschau sah. Herr Keller musste sich dringend etwas einfallen lassen.

Zunächst brachte er ein Schild an. Er bat mit großen Buchstaben höflich darum, die Birnen nicht zu stehlen und die Beete nicht zu zertrampeln. Das hätte er sich sparen können. So ein Schild hielt die diebischen Buben nicht ab. Was konnte er noch tun? Ah, ja, ein Zaun. Herr Keller baute einen Zaun um den Birnbaum herum. Das würde die Diebe sicher abhalten, dachte er zufrieden. Er zählte die Birnen, die noch am Baum hingen. Dann ging er ins Haus. Doch bereits eine Stunde später fehlten vier Birnen. Nun war Herr Keller richtig sauer.

Er holte sich ein weißes Bettlaken aus dem Schrank. Mit einer Schere schnitt er zwei Löcher hinein. Dann lief er in den Garten und versteckte sich in der Gartenlaube. Das Bettlaken hängte er sich über den Kopf, durch die zwei Löcher konnte er sehen. Herr Keller sah aus wie ein Geist. Und genau das wollte er. Nun hieß es abwarten. Er musste lange warten. Langsam wurde er ungeduldig. Nicht mehr lange und die Tagesschau fing an.

Plötzlich hörte er Geräusche. Vorsichtig lugte er hinaus. Da waren sie, die Birnendiebe. Zwei Lausbuben, die sich gerade die Birnen abpflücken wollten. Jetzt war der Moment gekommen. Herr Keller stürmte aus der Laube. Das weiße Bettlaken flatterte. Herr Keller rief: „Huhuhu, da habe ich euch, ihr Birnendiebe. Huhuhu. Macht, dass ihr nach Hause kommt und lasst in Zukunft die Finger von meinen Birnen."

Die zwei Birnendiebe waren so erschrocken, dass sie schreiend wegrannten. Sie liefen was das Zeug hielt und sie kamen nie wieder.

❀

Der Zirkuselefant

Viele, viele lange Jahre hatte ein Elefant in einem Zirkus verbracht. Viele, viele Male war er in der Manege im Kreis gelaufen. Er zeigte kleine Kunststücke und trug die Kinder auf seinem Rücken. Noch nie hatte er etwas anderes gesehen. Er war im Zirkus alt geworden. Stets war er freundlich und ein guter Elefant gewesen.

Doch eines Tages beschloss er, den Zirkus zu verlassen. Er wollte nicht mehr im Kreis herum laufen. Der alte Elefant wollte einmal in seinem Leben etwas anderes machen, er wollte in die weite Welt hinaus. So geschah es, dass er eines Morgens, als alle noch schliefen, den Zirkus verließ. Keiner merkte es. Der Elefant marschierte hinaus auf das Land und trampelte über die Felder. Er durchquerte ein Sonnenblumenfeld und oje, durch seinen festen Tritt zerknickten viele gelbe Sonnenblumen. Dann erreichte er eine Stadt.

Er sah Häuser, bunte Vorgärten, Bäume, Straßen und Autos. Der Elefant war überwältigt. Das war also die große weite Welt. Sorglos und voller Glücksgefühle stampfte er auf die Stadt zu. Dabei brachen einige Gartenzäune entzwei. Doch der Elefant merkte es nicht. Inzwischen war er auf dem Marktplatz angekommen. Dort gab es einen Brunnen. Und weil der Elefant Durst hatte, stieg er gleich mal ganz in den Brunnen, trank und spritzte mit dem Rüssel Wasser über seinen Rücken. Dann trank er noch zehn weitere Liter Wasser, bevor er wieder aus dem Brunnen stieg.

Es war Markttag. Viele Stände waren aufgebaut. Es gab frisches Obst, Gemüse und Fisch zu kaufen. Käse, Wurst und Fleisch, alles was das Herz begehrt. Der Elefant hatte Hunger. Großen Hunger und sein Herz hüpfte vor Freude, als er all die Leckereien sah. Er steuerte auf den Obststand zu. Inzwischen waren alle Leute stehen geblieben. So etwas hatten sie noch nie gesehen. Ein Elefant auf dem Marktplatz. Der Elefant fraß sich am Obststand satt. Fünfzehn Äpfel, zehn Birnen und acht Bananen. Dann stapfte er zum Gemüsestand. Die Leute machten Platz. Der Elefant fraß alle Salatköpfe.

In der Zwischenzeit wurde der Elefant im Zirkus bereits vermisst. Sein Pfleger war der Spur gefolgt, die der Elefant hinterlassen hatte. Durch die Felder, durch das Sonnenblumenfeld, an den zerbrochenen Zäunen vorbei, bis zum Marktplatz und zum Gemüsestand. Der alte Elefant war müde und freute sich, seinen Pfleger zu sehen. Und auf dem Weg zurück zum Zirkus versprach ihm sein Pfleger, dass er nie wieder in die Manege müsste.

„Möchtest du vielleicht in einen Zoo?“, fragte der Pfleger. Der Elefant nickte heftig, so dass seine Ohren flatterten. Und so geschah es. Noch heute lebt der alte Elefant glücklich und dankbar in einem Zoo, zusammen mit anderen Elefanten.

Gabi und Horst

Ein Mann und eine Frau wollten einmal heiraten. Das ist eigentlich nichts Besonderes, ganz im Gegenteil. Viele Liebespaare heiraten, das ist normal. Aber bei Gabi und Horst war alles ein wenig ungewöhnlich. Sie waren beide so unterschiedlich, unterschiedlicher ging es schon gar nicht mehr. Horst war sehr groß. Er passte nicht durch den Türrahmen. Er war kräftig gebaut, er war stark und hatte große Hände und Füße. Gabi war sehr, sehr klein und zierlich. Wenn die beiden spazieren gingen, drehten sich alle Menschen nach ihnen um.

Horst und Gabi suchten sich eine Wohnung und bestellten zwei Möbelwagen. Jeder wollte seine eigenen Möbel mitbringen. Das sparte Geld. Horst der große Mann liebte kleine und zierliche

Sachen und seine Lieblingsfarbe war rot. So kam es, dass er nur kleine rote Möbel hatte.

Gabi die kleine zierliche Frau liebte, ungewöhnlicherweise große und protzige Möbel. Und weil ihre Lieblingsfarbe grün war, waren die Möbel alle grün.

Horst sagte: „Schau dir mal meinen hübschen roten Schreibtisch an." Gabi schaute und meinte erstaunt: „Oh, ich dachte das ist ein Schlüsselkasten. Er ist so klein, ich wäre fast darüber gestolpert. Aber schau dir doch mal mein neues Radio an. Na? Wie gefällt es dir?"

„Ui", meinte Horst, „ ich dachte es ist eine Spülmaschine. Das ist aber ein riesiges Radio." Horst zeigte auf seinen roten Wohnzimmertisch. „Wie gefällt er dir? Er ist neu", sagte er. „Sieht aus wie ein kleiner roter Schemel", meinte Gabi. Dann kletterte sie in ihren riesigen grünen Sessel.

Horst erschrak plötzlich und rief: „Wie kommt denn auf einmal die Wand hier ins Zimmer? Gabi, wo bist du?" Gabi rief aus dem Sessel heraus: „Das ist die Rückseite von meinem Sessel. Ich sitze hier in dem Sessel." Horst machte einen langen Hals, konnte seine Gabi aber nicht sehen. „Wo, wo bist du?“

„Hier“, rief Gabi und winkte. Da sah Horst seine zukünftige Frau. Die kleine zierliche Gabi saß versteckt zwischen grünen Kissen und Polstern. Nur ihr kleiner Kopf guckte heraus. Da mussten beide herzlich lachen. Gemeinsam gingen sie in die Küche, um mit einem Glas Sekt auf die neue Wohnung anzustoßen. Ihr ungewöhnliches, gemeinsames Leben konnte beginnen.

Der dicke Hund

Herr Schnickel hatte einen Hund. Es war so einer, bei dem man nicht genau sagen konnte, welche Rasse es war. Dieser Hund war kein Dackel, auch kein Pudel. Es war kein Mops und auch kein Schäferhund. Es war von allem etwas in diesem Hund. Herr Schnickel bekam ihn, als er noch ganz klein und niedlich war. Er nannte ihn Carlo. Herr Schnickel war ganz verliebt in seinen Carlo. Carlo bekam ein Hundekörbchen. Das stand an einem warmen Platz an der Heizung. Carlo bekam nur das Beste zu fressen. Fleisch und Leber, gekochten Fisch und Hackfleisch.

Aus dem kleinen Hund wurde dann bald ein großer Hund. Und der hatte ständig Hunger. Er bettelte den ganzen Tag nach Futter. Herr Schnickel gab ihm, was er wollte. So wurde Carlo immer dicker und dicker. Bald schon passte er nicht mehr in sein Körbchen und auch nicht mehr in den Sessel. Kurzum, Herr Schnickel nahm ihn mit in sein Bett. Carlo durfte am Fußende schlafen.

Carlo wurde immer noch größer und dicker und ließ sich von seinem Herrchen bedienen. Er fraß alles. Wenn sie vom Gassi gehen zurück kamen, musste Herr Schnickel den dicken Carlo die Treppen hochtragen. Der dicke Hund fraß nun fünf Koteletts am Mittag und am Abend drei Bratwürste. Zum Frühstück verputze er einen Kringel Fleischwurst. Bald war Carlo so dick wie ein wohlgenährtes Schwein und so groß wie ein Pony. Wenn er sich abends in Herrn Schnickels Bett legte, war das Bett voll. Es gab keinen Platz mehr für Herrn Schnickel.

Doch der liebte seinen Hund immer noch und tat alles für ihn. Herr Schnickel schlief vor dem Bett, auf einer Luftmatratze, mit einem Kopfkissen und einer Wolldecke. Auf der Bettdecke lag der dicke Hund und schlief tief und fest. Carlo schnarchte wie eine Motorsäge. Herr Schnickel hatte sich Watte in die Ohren gesteckt, um wenigstens ein wenig Schlaf zu bekommen.

Ja, zu viel Tierliebe ist auch nicht immer so gut, man hört und sieht ja, was dabei herauskommen kann.

Ein Elefant aus Stein

Neulich war Herr Mendel in den Zoo gegangen. Er verweilte lange Zeit bei den Elefanten. Herr Mendel liebte diese sanften grauen Riesen. Sie waren so freundlich und sehr geschickt mit ihren Rüsseln. „Ach", seufzte er, „wie gerne hätte ich auch so einen Elefanten." Da kam ihm eine Idee. Er wollte sich einen Elefanten aus Stein hauen. Mit Hammer und Meißel. Im Garten gab es viel Platz. Dort könnte er meißeln und dort hätte sein Elefant anschließend auch einen schönen Platz.

Herr Mendel ließ sich einen gewaltigen Felsbrocken kommen. Mit viel Eifer und Spaß an der Sache ging er an die Arbeit. Er klopfte und meißelte stundenlang. Herr Mendel ging nur noch zum Essen und Schlafen ins Haus. Schon am ersten Tag hatte er am späten Abend einen gewaltigen Elefantenhintern aus dem Felsbrocken gehauen. Das gefiel ihm.

Am nächsten Abend war der Elefantenbauch fertig. Doch was war das? Mit Ensetzten stellte Herr Mendel fest, dass für den Kopf und für die großen Ohren und den Rüssel zu wenig Stein übrig war. Oje, was nun.

So fing er am darauffolgenden Tag noch einmal von vorne an. Der Hintern und der Bauch mussten kleiner werden. Es gelang ihm, nun war genug Stein für den Kopf übrig. Nach drei Tagen sah man schon recht gut, dass es ein Elefant wurde. Herr Mendel war mächtig stolz auf seine Arbeit. Nun noch der Rüssel. Herr Mendel setzte den Meißel an und haute mit dem Hammer zu. Autsch. Er hatte mit voller Wucht seinen Daumen getroffen. Das tat weh, doch Herr Mendel biss die Zähne zusammen und machte weiter. Nichts konnte ihn abhalten. Jeden Tag meißelte er zwölf Stunden lang. Und eines schönen Sommertages war der Elefant fertig.

Er war etwas kleiner geraten, als ursprünglich geplant. Die Beine waren zu kurz. Und oje, er hatte den Schwanz vergessen. Herr Mendel holte ein Stück Seil und leimte es einfach an das Hinterteil. Das sah gut aus.

Inzwischen hatte Herr Mendel zwei verbundene Hände. Die waren nämlich voller Blasen und blauen Flecken. Doch es störte ihn nicht. Voller Stolz setzte er sich auf den Elefanten und es machte ihm nichts aus, dass seine eigenen Beine dabei auf dem Boden standen. Schließlich war es sein eigener Elefant, den er selbst aus Stein gehauen hatte. Und es könnte ja auch ein Babyelefant sein, für den er als nächstes eine Elefantenmutter meißeln könnte.

❀

Schneemann, Schneefrau und andere Sachen

Es hatte die ganze Nacht geschneit. Viele dicke Schneeflocken waren auf das kleine Dorf gefallen. Die Häuser, Bäume und Gärten sahen am Morgen aus wie mit Puderzucker bestreut. Alles war weiß. Herr Sandstein war früh aufgestanden, um den Gehweg und den Weg zum Haus frei zu schaufeln. Die Kinder waren auch schon wach und schauten mit großen Augen und offenen Mündern aus dem Fenster. Familie Sandstein hatte drei Kinder. Zwei Mädchen und einen Buben.

Es war Samstag und Frau Sandstein hatte das Frühstück für acht Uhr fertig. Als alle am Tisch saßen, fragten die Kinder, ob sie nach draußen dürften, um Schneemänner zu bauen. In diesem Moment kam Herrn Sandstein eine Idee. Er sagte:

„Einen Schneemann baut doch jeder. Was haltet ihr davon, wenn jeder von uns ein Schneetier oder etwas anderes aus Schnee baut?“ Die Kinder waren begeistert. Der Jüngste rief: „Ich baue einen Teddybären.“ Eine seiner Schwestern meinte: „Ich versuche einen Hund zu bauen.“ „Und ich einen Eisbären“, rief die älteste Schwester. Frau Sandmann wollte gerne eine Schneefrau bauen.

Als alle dick angezogen waren ging es nach draußen. Und zwar in den Vorgarten. Alle Dorfbewohner sollten die Kunstwerke sehen können. Herr Sandstein baute einen Elefanten aus Schnee. Man hörte ihn leise schimpfen, weil ihm ständig der Rüssel abfiel. Der Jüngste hatte sich seinen Stoffteddy mit nach draußen genommen und versuchte nun einen Schneeteddy zu bauen. Frau Sandstein baute an ihrer Schneefrau. Sie versuchte gerade die Brüste zum Halten zu bekommen. Es war etwas schwierig. Immer wieder rutschte eine Brust weg.

Indessen kamen einige Dorfbewohner vorbei. Alle blieben stehen, sahen zu und gaben Ratschläge. Kurz danach waren sie selber in ihren Vorgärten und bauten Schneefiguren. So entstanden Schneemänner, Schneeeisbären, Schneekatzen, Schneeschlangen und sogar ein Schneekamel. Alle Figuren bekamen Augen, Nasen, Ohren, Hüte, einen Schal und Mützen.

Und dann kam der Reporter von der Zeitung. Er machte Bilder mit seinem Fotoapparat. Er stellte Fragen und wollte wissen, wer die Idee dazu hatte.

Am nächsten Tag stand alles in der Zeitung und es waren viele schöne Bilder dabei. Herr Sandstein meinte: „Jetzt sind wir berühmt."

❀

Die Fahrradtour

„Lass uns heute mal eine schöne Radtour machen. Wir könnten bis zum Stausee fahren", schlug Dietmar seiner Frau Luzie vor. Der Frühling war ins Land gezogen und die warme Sonne lockte die Menschen hinaus. Dietmars Frau war begeistert. Doch sie hatte einige Bedenken und meinte deshalb: „Ist das nicht ein bisschen weit? Wir sind lange kein Fahrrad mehr gefahren."

Dietmar schüttelte mit dem Kopf und sagte: „Quatsch, wir fahren ganz gemütlich und legen einige Pausen ein." Luzie war einverstanden. Sie bepackte ihre Gepäcktasche mit einer Flasche Wasser, einer Tüte Schokokeksen und zwei Wiener Würstchen. Obenauf legte sie ihre Regenjacke. Dietmar bepackte seine Gepäcktasche nicht. Im Gegenteil, er nahm sie ab und legte sie in die Garage. Dann ging es los. Kräftig traten sie in die Pedalen.

Auf einer ruhigen Landstraße ging es an Feldern und kleinen Wäldern vorbei. Ab und zu standen Bauernhöfe am Straßenrand. Die Luft war rein und es duftete nach Frühling. Nach dreißig Minuten legten Dietmar und Luzie die erste Pause ein. „Oh, ich spüre vielleicht meinen Hintern, der Sattel ist so hart“, stöhnte Luzie. Sie tranken etwas und aßen die Wiener Würstchen. Dann ging es weiter. Noch etwa eine halbe Stunde und sie würden den Stausee erreicht haben. Doch Luzie jammerte: „Mir tut mein Hintern so weh und außerdem ist es noch ganz schön weit. Lass uns umkehren.“ Dietmar meinte nur, dass sie sich nicht so anstellen soll.

Nach weiteren zehn Minuten rief Luzie: „Schau mal zum Himmel, es ist auf einmal so dunkel geworden.“ Tatsächlich hatte sich eine dicke Wolke vor die Sonne geschoben. Luzie rief: „Dietmar, ich glaube es gibt gleich Regen. Hast du deine Regenjacke dabei?“

„Nein, habe ich nicht und es gibt keinen Regen.“ Es dauerte nicht lange, da bekam die Wolke Gesellschaft. Und zwar von vielen dunklen Regenwolken. Und dann machte es platsch und platsch. Da fielen sie. Erst vereinzelt, dann immer schneller und dichter. Luzie zog sich ihre Regenjacke über und rief: „Lass uns umkehren."

Es gab nichts zum Unterstellen, auch kein Café wo man schnell einkehren konnte. So fuhren sie so schnell sie konnten auf ihren Fahrrädern nach Hause. Schon nach wenigen Minuten war Dietmar nass bis auf die Haut. Zu Hause angekommen, konnte er seine Kleidung auswringen. Luzie war noch halbwegs trocken, dank der Regenjacke.

Sie kochte Pfefferminztee und dazu gab es die Schokoladenkekse aus der Gepäcktasche.

❀

Kinderfragen, am Bettchen

„Mama, wo schlafen denn die Fische?“

„Im Wasser, sie machen es sich auf dem Grund gemütlich. Nun schlaf auch du.“

„Mama, wo schlafen denn die Schwalben?“

„Im Stall mein Kind, über Kuh, Kälbchen und Ochse. Gute Nacht mein Kind.“

„Mama, wo schlafen die Hasen?“

„Die Hasen haben ihr Bett im Wald. Nun schlaf endlich mein Kind.“

„Mama, wo schlafen die Bären?“

„In ihren Höhlen in den Wäldern oder in den Bergen. Nun mache die Augen zu mein Kind.“

„Mama, wo schlafen die Mäuslein?“

„In ihren Mauselöchern. Jetzt wird es aber Zeit, dass du schläfst mein Kind.“

„Mama, gleich, ich möchte nur noch wissen, wo

der Mond schläft."
„Du fragst mir ja Löcher in den Bauch."
Mama, bitte, wo schläft der Mond?"
„Der Mond passt auf dich auf mein Kind,
ein Wiegenlied singt dir der ... (Wind),
er wünscht dir eine gute Ruh,
dann macht der Mond ein Äuglein ... (zu)."
„Danke Mama, gute Nacht."

Der Eierkocher

Es war acht Uhr am Morgen. Frühstückszeit. Kurt klopfte mit dem Kaffeelöffel auf sein Ei, um es besser pellen zu können. Dann nahm er mit dem Löffel die Eiweißspitze ab. Er sah auf das Ei und dann zu seiner Frau. Sein Blick war düster. Sein Gesicht sah verärgert aus.

„Was ist?", fragte seine Frau. Kurt holte tief Luft, dann schimpfte er: „Das Ei ist schon wieder zu hart. Viel zu hart. Ich wollte ein weiches Ei. Ein Wachsweiches. Ist das so schwer?"

„Immer musst du meckern", meinte seine Frau.

„Ich mecker nicht. Ich stelle nur fest, dass dieses Ei zu hart ist. In all unseren Ehejahren habe ich, sage und schreibe dreimal ein weiches Ei bekommen", sagte Kurt.

„Ich kann eben keine Eier kochen", antwortete

seine Frau.

„Dann gehe in einen Kochkursus."

„Nein, das mache ich ganz bestimmt nicht. Außerdem, wenn du nicht so geizig wärst, hättest du mir schon längst einen Eierkocher gekauft. Unsere Nachbarn haben schon längst einen. Nur wir nicht. Du bist ein Geizhals", klagte Kurts Frau.

Wortlos aß Kurt sein hartes Ei. Dann stand er auf, setzte sich im Wohnzimmer in einen Sessel und dachte nach. Der Gedanke, mit einem Eierkocher endlich weiche Eier zu bekommen, war verlockend. Und die Welt würde so ein Gerät ja sicher auch nicht kosten. Wortlos verließ er kurze Zeit später die Wohnung.

Es dauerte eine knappe Stunde und Kurt kam wieder zurück. Er trug ein Paket unter dem Arm. Zu seiner Frau sagte er: „Ich habe dir etwas mitgebracht." Seine Frau traute ihren Augen nicht, als sie sah, was in dem Paket war. Ihr Mann der Geizhals hatte einen Eierkocher gekauft. „Danke, nun bekommst du deine weichen Eier. Das hättest du schon viel früher haben können. Geiz bringt einen im Leben auch nicht immer weiter", sagte sie zu ihrem Mann.

Am nächsten Morgen gab es weiche Eier zum Frühstück. Wachsweich, so wie Kurt sie liebte. Lecker.

❀

Ein Baum für Herrn Weberle

Herr Weberle kniete im Garten, vor einem Baumstumpf und weinte. Er weinte bitterlich, herzergreifend und dicke Tränen liefen auf seinen Wangen hinab. Er jammerte und klagte: „Oh nein, oh nein, oje, oje. Welch ein Jammer. Welch ein Elend. Oh weh, oh weh." Das hörten die Nachbarn und wunderten sich. Noch nie hatte Herr Weberle geweint. War er doch stets ein humorvoller und freundlicher Mensch gewesen. War da etwa etwas passiert? Etwas Schlimmes?

So nach und nach trafen alle Nachbarn bei Herrn Weberle ein. Sie standen am Zaun und sahen, dass Herr Weberle vor einem Baumstumpf kniete. Doch niemand traute sich etwas zu sagen oder mal nachzufragen.

Herr Weberle klagte und weinte immer noch.

Nachbar Schulte konnte es nicht mehr mit ansehen und außerdem plagte ihn die Neugier. Nachbar Schulte fasste sich Mut und fragte: „Was ist los? Ist etwas passiert?“ Herr Weberle sah zum Zaun und schluchzte: „Ja, es ist etwas ganz trauriges geschehen. Mein dreißig Jahre alter Apfelbaum musste abgesägt werden. Er war schon länger krank und trug keine Früchte mehr. Oh weh, oje. Er war so ein guter Schattenspender im Sommer.“ Herr Weberle weinte weiter. Er weinte noch so lange, bis er keine Tränen mehr hatte. Die Nachbarn hatten großes Mitleid mit ihm und zogen sich zurück. Tuschelnd steckten sie ihre Köpfe zusammen und Nachbar Schulte sammelte Geld von ihnen ein.

Am nächsten Tag, es war so gegen elf Uhr am Vormittag, erschienen alle wieder am Gartenzaun von Herrn Weberle. Der saß nun auf dem Baumstumpf. Er sah traurig aus. Nachbar Schulte rief: „Herr Weberle, wir haben hier etwas für Sie.“ Nachbar Schulte hielt einen gesunden jungen Apfelbaum in die Höhe. Herr Weberle staunte und freute sich. Er strahlte vor Freude. Er freute sich so sehr, dass er wieder weinen musste. Nur diesmal waren es Freudentränen.

❀

Vom schwarzen Pferd

Es war einmal ein schönes schwarzes Pferd,
das zog den Schlitten, dort wo kein Auto ... *(fährt)*,
in der schönen kalten Winterzeit,
es war der schönste Schlitten weit und ... *(breit)*,
jung und alt riefen: Oh und ah,
wenn man den Schlitten kommen ... *(sah)*,
stolz war der alte Kutscher namens Franz,
auf seinen schwarzen Rappen, mit seidenem ... *(Schwanz)*,
doch das Pferd war nicht froh,
traurig schlief es im ... *(Stroh)*,
es wollte gern ein Schimmel sein,
weiß wie Schnee, so hell und ... *(fein)*,
darum hat es sich in der Nacht,
heimlich aus dem Staub ge ... *(macht)*,

es traf auf einen Maler, der malte
einen Himmel,
mit Wolken, so weiß wie ein ... *(Schimmel)*,
ich möchte gern ein Schimmel sein,
wie die Wolken weiß und ... *(rein)*,
ach du lieber Himmel,
weiß wie ein ... *(Schimmel)*,
der Maler den großen Pinsel nahm,
und mit der weißen Farbe ... *(kam)*,
bald sah man nichts schwarzes mehr,
das freute den Rappen ... *(sehr)*,
völlig außer Rand und Band,
rannte das Rössel durch das ... *(Land)*,
doch plötzlich fing es zu regnen an,
da war es um den Schimmel ... ge *(tan)*,
der Regen goss,
die Farbe ... *(floss)*,
nichts weißes war mehr zu sehen,
der Rappe musste nach Hause ... *(gehen)*,
er war nun wieder ein schwarzes Pferd,
und zog den Schlitten, dort wo kein
Auto ... *(fährt)*.

Das Kartoffelfeuer

Der Bauernhof von Familie Balke lag weit draußen vor der Stadt. Sehr weit und es war der einzige Hof weit und breit. Daher kamen die Balkes nur selten in die Stadt. Auf dem Hof gab es Hühner, Gänse, Kühe und einige Schafe. Es gab Obstbäume, einen großen Gemüsegarten und einige Getreidefelder. Zum Bauernhof gehörte ein Hofladen. Hier gab es eine große Auswahl an selbstgemachten Produkten zu kaufen. Marmelade, Wurst und Käse. Aber auch Obst, Eier und Kartoffeln. Viele Leute aus der Stadt kamen, um dort einzukaufen. Die selbst gemachte Leberwurst hatte einen besonders guten Ruf.

Es war kurz vor Ostern, als Frau Musial aus der Stadt zum Einkaufen kam. Sie brauchte Eier, die sie bunt färben wollte. Schnell kam man ins Gespräch. Frau Musial fragte: „Werden Sie in diesem Jahr zum Osterfeuer in die Stadt kommen?“

Frau Balke meinte: „Nein, es ist zu weit. Wir habe auch gar nicht die Zeit dazu.“ „Schade, es ist immer so schön“, sagte Frau Musial. Bauer Balke bedauerte es auch sehr. In jedem Jahr sahen sie nur, von weitem den Schein des großen Osterfeuers. Doch in diesem Jahr hatte der Bauer eine Idee.

Als die Familie beim Abendbrot zusammen saß, machte Herr Balke einen Vorschlag.

„Wie würde es euch gefallen, wenn wir in diesem Jahr unser eigenes Osterfeuer machen?“ Seine Frau und die Kinder waren begeistert. Frau Balke meinte: „Und wenn das Feuer herunter gebrannt ist, rösten wir Kartoffeln und Würstchen darin.“ Schon am nächsten Tag wurden fleißig Reisig, Stroh und Äste gesammelt. Am Abend schichtete die ganze Familie das Holz auf, bis ein hoher Stapel entstand.

Dann war Ostersamstag. Als es dunkel wurde, entzündeten sie gemeinsam das Osterfeuer. Es brannte schnell und lichterloh. Sicherlich konnte man es bis in die Stadt hinein sehen. Es leuchtete und wärmte. Das tat gut, nach all den kalten Winterwochen.

Dann war es Zeit, die Kartoffeln in die Glut zu legen und die Würstchen am Stock, über die letzten Flammen zu halten. Bauer Balke erzählte eine Geschichte. Er erzählte und erzählte und vergaß dabei sein Würstchen. Frau Balke erinnerte ihn an sein Würstchen. Herr Balke holte die Wurst aus dem Feuer und biss hinein. „Pfui, pfui“, rief er, „die ist ja ganz verkohlt.“ Herr Balke spuckte. Zum Glück hatte seine Frau zwei Würstchen im Feuer gehabt. Sie gab ihm eines davon. Hungrig biss Herr Balke hinein.

Die Familie schaute zu, bis auch die letzte Glut vom Osterfeuer erloschen war. Bauer Balke sagte: „Das war das schönste Osterfeuer, das ich je erlebt habe.“ Dankbar und zufrieden gingen alle an diesem Ostersamstag ins Bett.

❀

Zehn kleine Osterhäschen

Zehn kleine Osterhäschen,
bemalten Eier in der Scheune,
einem Häschen lief das ... (*Näschen),*
da waren`s nur noch ... *(neune)*.

Neun kleine Häschen
gingen durch die Nacht,
eines ist nicht mit gegangen,
da waren `s nur noch ... (*acht).*

Acht kleine Osterhäschen,
fraßen gelbe Rüben,
eines hat zu viel gegessen,
da waren`s nur noch ... (*sieben).*

Sieben kleine Osterhäschen,
gingen zur kleinen Hex,
eines ist dort geblieben,
da waren`s nur noch ... (*sechs*).

Sechs kleine Osterhäschen,
stopften ihre Strümpf,
eines hat sich dabei gestochen,
da waren`s nur noch ... (*fünf*).

Fünf kleine Osterhäschen,
tranken einmal Bier,
eines hat zu viel getrunken,
da waren`s nur noch ... (*vier*).

Vier kleine Osterhäschen,
bemalten ein großes Ei,
einem verging die Lust dabei,
da waren`s nur noch ... (*drei*).

Drei kleine Osterhäschen,
kochten sich einen Brei,

eines bekam Bauchschmerzen,
da waren`s nur noch ... *(zwei)*.

Zwei kleine Osterhäschen,
gingen mal nach Mainz,
das eine ist verloren gegangen,
da war es nur noch ... *(eins)*.

Ein kleines Osterhäschen,
kam zurück in die Scheune,
wo stecken all die Häschen bloß,
da waren`s wieder ... *(neune)*.

❀

Scherzfragen

Wer braucht zum Hören kein Hörgerät, sondern nur zwei Löffel?

Wer macht sich immer mit zwei Löffeln über das Essen her?

Ein Bild für das Christkind

Es regnete schon den ganzen Tag. Ingelore saß in ihrem Kinderzimmer und schmollte. Ingelore war zehn Jahre alt Sie wäre jetzt lieber mit ihrer Freundin auf dem Spielplatz. Doch der Regen wollte nicht aufhören. Und darum war Ingelore brummig.

Die Mutter kam ins Zimmer und fragte: „Warum guckst du so brummig?"

„Mir ist langweilig, ich weiß nicht was ich machen soll", meinte Ingelore.

„Spiel doch mit deiner Puppenstube", schlug die Mutter vor.

„Keine Lust", brummelte Ingelore.

„Dann bastel doch etwas Schönes", schlug die Mutter nun vor.

„Ich mag nicht basteln." Die Mutter ging wieder und ließ die knurrige Ingelore alleine.

Ingelore zog ihre Spielkiste hervor und kramte darin herum. Auf einmal sah sie den Malkasten. Oh, an den hatte sie gar nicht mehr gedacht. Sie legte ihn auf den Tisch. Und ach, wie toll, da war auch noch ein Pinsel drin. Schnell holte sich Ingelore ein weißes Blatt und einen Becher Wasser. In zwei Monaten ist Weihnachten, dachte sie und wollte daher ein Bild für das Christkind malen. Sie wusste auch schon was sie malen wollte.

Zuerst nahm sie die dunkelbraune Farbe und malte mit dem Pinsel ein Schokoladendach. Dann nahm sie hellbraune Farbe und malte damit die Lebkuchenwände. Auf die Wände malte sie Brezel, Zuckerringe und Mandeln. Sie malte Fenster und eine Tür. Das Knusperhäuschen war fast fertig. Auf das Dach passte noch eine schwarze Katze, die einen Buckel machte. Nun fehlte noch der Backofen. Ingelore malte ihn mit roten Ziegelsteinen. Dann war die Hexe an der Reihe. Eine alte krumme Hexe, mit einer langen spitzen Nase, die an einem Stock ging. Ingelore malte ihr noch eine schwarze

Krähe auf die rechte Schulter.

Jetzt fehlte noch ein Wald. Der war wichtig, kamen doch Hänsel und Gretel durch den Wald. Ein Baum musste an dem anderen stehen. Zum Schluss malte Ingelore noch den Hänsel und die Gretel. Gretel bekam Zöpfe und Hänsel eine Mütze auf den Kopf. Beide griffen nach der Schokolade. Mhm, lecker.

„Knusper, knusper knäuschen, wer knuspert an meinem Häuschen?"

„Der Wind, der Wind, das himmlische Kind."

Da kam die Mutter zu Ingelore ins Kinderzimmer. Sie bewunderte das schöne Bild. Ingelore sagte: „Das Bild ist ein Geschenk für das Christkind, wenn es am Heiligen Abend kommt." Ingelore steckte das Bild mit Nadeln an der Wand fest, so konnte sie es nicht vergessen.

✶

Liebe Kinder

Ulla und Heinz kommen aus der Schule. Sie klingeln an der Wohnungstür, doch es macht niemand auf. Eine Nachbarin kommt herbei und sagt: „Eure Mutter musste zum Arzt. Sie hat mir die Schlüssel für euch gegeben." Das finden Ulla und Heinz gar nicht schön.

In der Küche auf dem alten Kohlenofen steht ein Topf mit Erbsensuppe. Doch der Ofen ist kalt. Auf dem Küchentisch steht noch das Frühstücksgeschirr. Oje. Was nun? Da hat Ulla eine Idee. Sie sagt zu ihrem Bruder: „Wir wollen der Mutter helfen. Geh du in den Keller und hole Kohlen hoch. Ich räume schon mal den Frühstückstisch ab."

Ulla bindet sich Mutters Schürze um. Nachdem der Tisch aufgeräumt ist, fegt sie die Küche. Das wäre schon mal geschafft. Heinz füllt den Ofen mit

Holz und Papier und zündet das Feuer an. Es flackert schön. Die Kohle kommt später dazu. Ulla setzt schon mal den Wasserkessel auf und schiebt den Topf mit Erbsensuppe in die Mitte.

Als der Wasserkessel pfeift, gießt sie das heiße Wasser in die Spülschüssel und wäscht das schmutzige Geschirr ab. Heinz muss abtrocknen. Er meint: „Mutter wird sich freuen, wenn sie heim kommt." Anschließend decken sie noch den Tisch für das Mittagessen. Teller und Löffel und für jeden ein Glas Milch. Die Erbsensuppe ist auch schon heiß. Dann klingelt es an der Haustür. Die Mutter ist wieder da und sagt: „Ach Kinder, ich musste beim Arzt so lange warten." In der Küche bleibt die Mutter erst einmal erstaunt stehen. Verwundert schaut sie sich um und sagt: „Es ist ja schon alles fertig. Ist denn heute Muttertag?"

Ulla sagt: „Jeden Tag ist Muttertag. Wir können gleich essen, die Suppe ist heiß. Setzt dich bitte hin Mutter und ruhe dich aus." Und Heinz meint: „Es hat Spaß gemacht dir zu helfen." Die Mutter ist ganz gerührt und sagt: „Ich habe doch liebe Kinder."

Scherzfragen

Welcher Kopf hat keine Augen, keine Nase und keinen Mund und ist grün?

(der Salatkopf)

Welcher Hahn kann nicht krähen?

(der Wasserhahn)

Welchen Fall kann ein Detektiv nicht auflösen?

(den Wasserfall)

Welcher Stuhl bewegt sich den ganzen Tag auf und ab?

(der Fahrstuhl)

Was hat viele kleine Zähne,
aber keinen Mund?
(die Säge)

Was hat keine Füße und läuft trotzdem?
(die Nase, die Uhr)

Was macht eine Wolke wenn es juckt?
(sie sucht sich einen Wolkenkratzer)

Was passiert mit Anna,
wenn sie ins Wasser springt?
(Sie wird zu Annanass)

Wo macht ein Skelett Urlaub?
(am Toten Meer)

Was hat vier Buchstaben,
fängt mit „Po“ an und man kann
darauf reiten?
(ein Pony)

Was ist klein, fliegt durch die Luft und
macht den ganzen Tag „mus, mus, mus“?
(eine Biene im Rückwärtsgang)

Was ist gelb und kann nicht
auf Bäume klettern?
(ein Postauto, eine Zitrone)

Verlagsinformation

Wir bieten neben bekannten und prominenten Autoren auch für noch unbekannte Erst-Autoren die ideale Plattform für Buchveröffentlichungen. Thematisch setzt sich der Verlag kaum Grenzen. Es werden sowohl von bekannten als auch unbekannten Autoren Bücher verschiedenster Themen veröffentlicht. Damit trägt der Verlag zu einer Bereicherung auf dem Literaturmarkt bei, kann so ein breites lesebegeistertes Publikum ansprechen und gibt damit den Autoren eine optimale und wirtschaftliche Lösung zur Veröffentlichung ihrer Buchmanuskripte. Ein Vorteil für die Buchautoren besteht unter anderem darin, dass Bücher, je nach Auflagenhöhe, im Verfahren „Book on Demand" (Digitaldruck) oder – bei höheren Auflagen – im Offsetdruck hergestellt und veröffentlicht werden können.

Joy Edition
BUCHVERLAG and more
BÜCHER · E-BOOKS · KARTEN · MAGAZINE · KALENDER

Joy Edition · H. Harfensteller
Gottlob-Armbrust-Str. 7 · D-71296 Heimsheim
Telefon 07033 306265 oder 306263
Fax 07033 3827 · Hotline 0171 3619286
info@joyedition.de · www.joyedition.de